Andiamo al circo!

Italiano per bambini
di Begoña Beutelspacher

Ernst Klett Verlag
Stuttgart Düsseldorf Leipzig

INDICE PAGINA

Andiamo al circo!

Italiano per bambini

Autorin:
Begoña Beutelspacher

Umschlag und Illustrationen:
Anke Jessen

1. Auflage 1 5 4 3 2 1 | 06 05 04 03 02

Alle Drucke dieser Auflage können im Unterricht nebeneinander benutzt werden, sie sind untereinander unverändert.

Internetadresse: www.klett-verlag.de

Redaktion: Cristina Palaoro
Übersetzung: Giovanna Mungai-Maier

Druck: Schnitzer Druck, Korb.
ISBN 3-12-525323-3

Ecco il circo. Tutto è pronto.
“Venite, signore e signori, bambini e bambine, benvenuti al circo”.

Presentazione

E tu, come ti chiami? Scrivi il tuo nome e colora il disegno del bambino se sei un bambino, quella della bambina se sei una bambina.

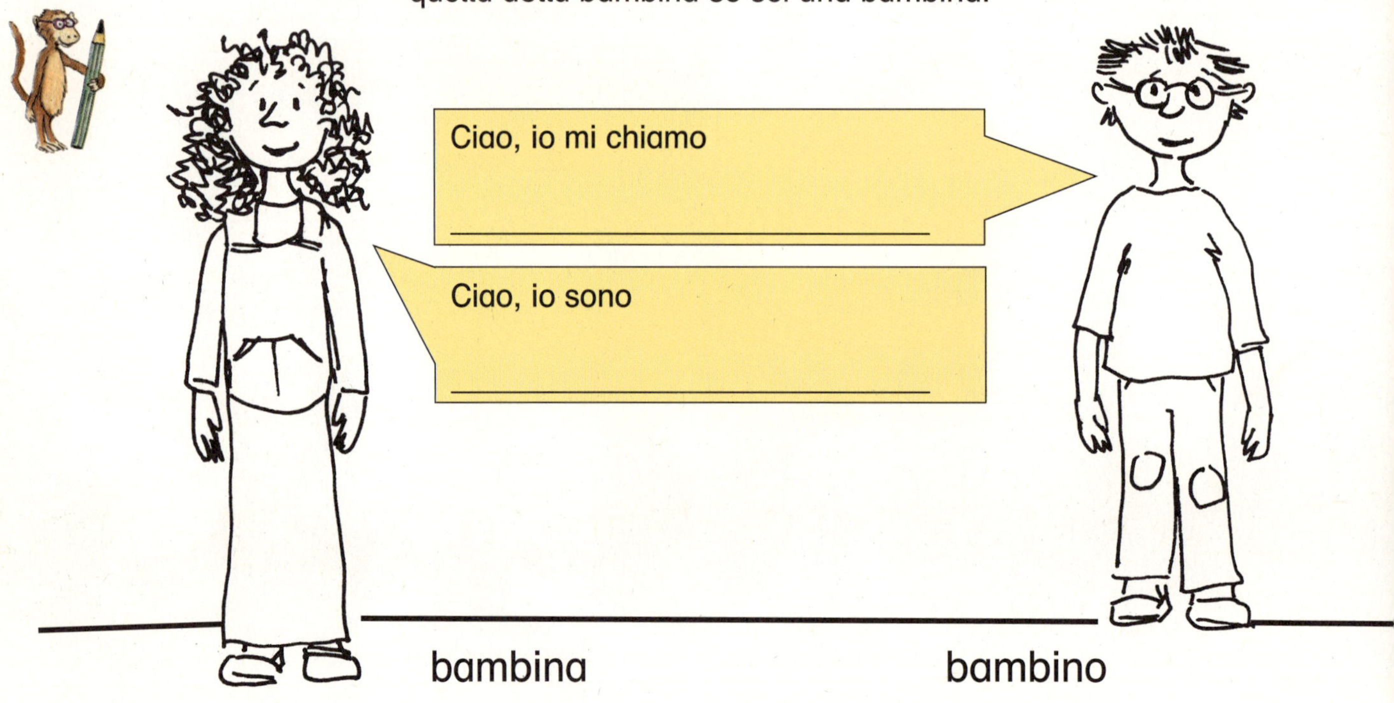

Conosci tutti i tuoi compagni e le tue compagne? Come si chiamano?

Presentazione

Il mio maestro / la mia maestra si chiama

____

Presentazione

Buongiorno!

Buonasera! **Arrivederci, buonanotte!**

Saluta tutti i tuoi amici e le tue amiche.

Presentazione

Cerca le lettere del tuo nome e colora i disegni.

____

A aereo	B barca	C cioccolata	D drago
E elefante	F fantasma	G gelato	H HOTEL hotel
I indiano	J judo	K koala	L leone
M mucca	N nido	O orso	P pappagallo
Q quaderno	R rana	S serpente	T topo
U uovo	V vagone	W würstel	X xilofono
Y yo-yo	Z zebra		

Presentazione

Con che lettera comincia?
Unisci i disegni alla lettera corrispondente.

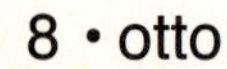

Francesca e Filippo hanno molti amici nel circo.
“Questa è la mia amica, la scimmia Peppina”.

Gli animali

Chi sono i tuoi amici e le tue amiche?
Scrivi i loro nomi e leggili al tuo maestro o alla tua maestra.

i miei amici

le mie amiche

Gli animali

Guarda quello che dice la zebra e completa il cruciverba.

1. tigre • **2.** zebra • **3.** cavallo • **4.** orso • **5.** gatto

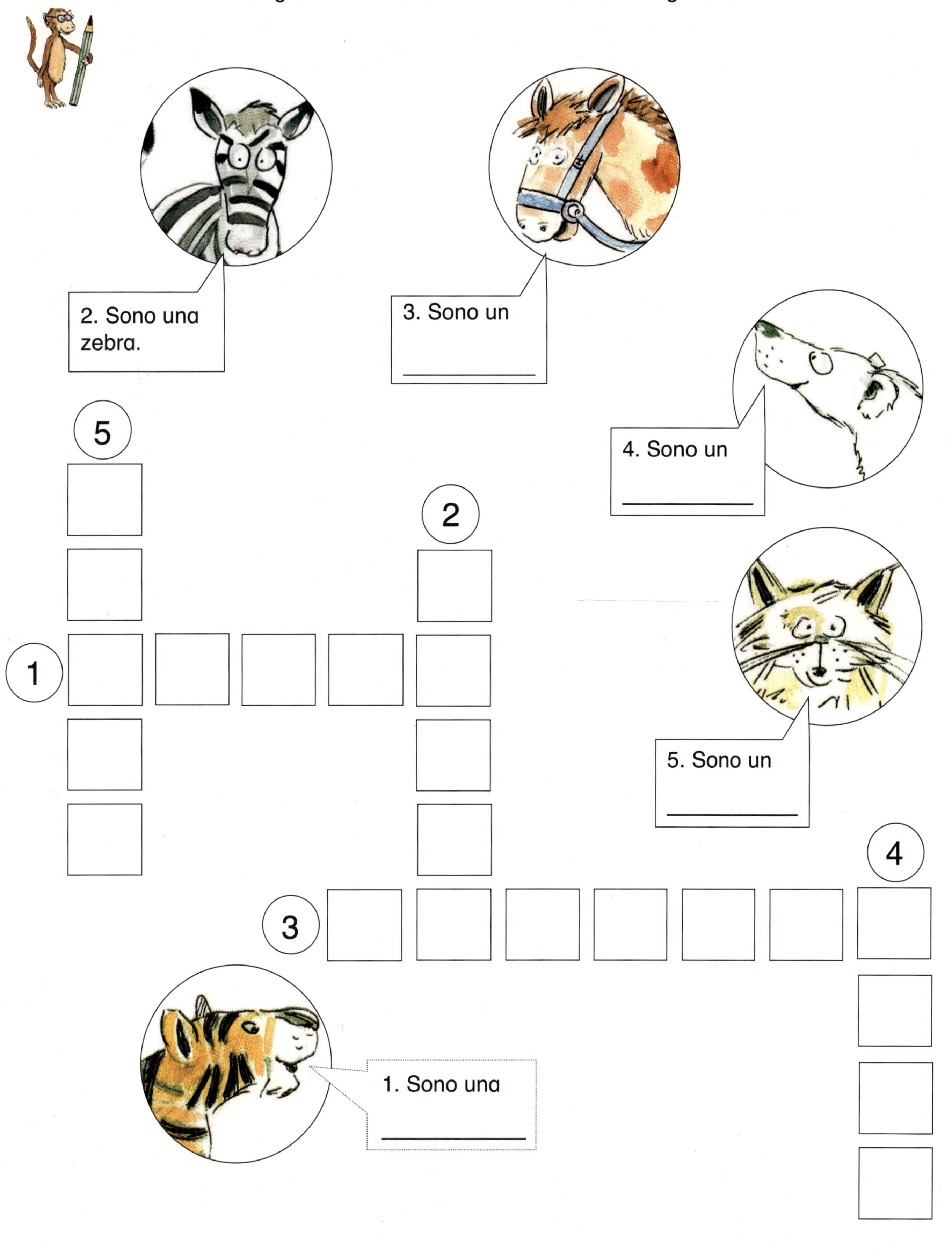

Gli animali

Disegna il tuo cane e il tuo gatto.
Aiutali a trovare i loro giocattoli.

Come si chiama il tuo gatto?

Come si chiama il tuo cane?

Gli animali

Guarda i disegni. Trova tre animali veloci e tre lenti.
Scrivi il loro nome nella rispettiva colonna e confronta
con il tuo compagno o la tua compagna.

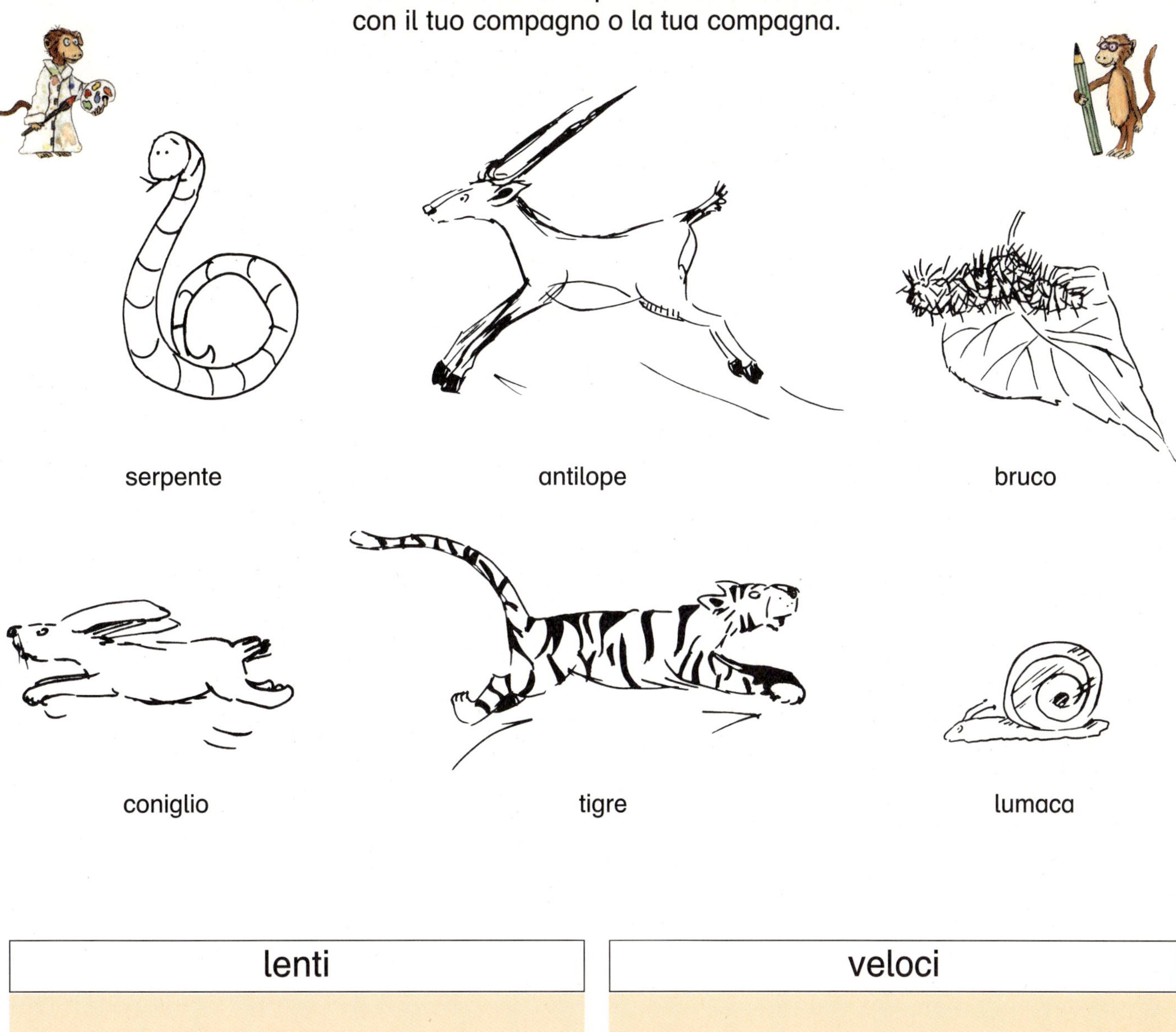

lenti	veloci

Gli animali

Quali sono i tuoi animali preferiti? Disegnali e scrivi il loro nome.
Se non lo sai chiedilo al tuo maestro o alla tua maestra.

Oggi è il compleanno di Francesca. È il 2 agosto.
Prima di cominciare lo spettacolo tutti cantano la canzone “Tanti auguri a te”.

I numeri

Colora i numeri.

0 ZERO
1 UNO
2 DUE
3 TRE
4 QUATTRO
5 CINQUE
6 SEI
7 SETTE
8 OTTO
9 NOVE
10 DIECI
11 UNDICI
12 DODICI
13 TREDICI
14 QUATTORDICI
15 QUINDICI

Che numero è? Scopri i numeri che compaiono in ogni disegno e confrontali con il tuo compagno o la tua compagna.

I numeri

In ogni rigo si è nascosto un numero. Dov'è?

6	D	P	S	E	I	S	O	J	K	F	S	I
11	K	L	O	K	H	N	U	N	D	I	C	I
5	O	H	I	L	O	C	I	N	Q	U	E	H
15	Q	I	N	K	Q	U	I	N	D	I	C	I
10	M	D	H	I	D	I	E	C	I	R	E	Z
2	J	O	Z	D	U	E	I	H	A	U	F	Z

Quanti gatti ci sono? Ci sono ...
Quante mucche ci sono? Ci sono ...

I numeri

Come fa Peppina a volare?
Unisci i puntini secondo la successione dei numeri e vedrai.

undici
dieci
dodici
tredici
nove
quattordici
otto
quindici
sedici
diciassette
tre
quattro
diciotto
sette
sei
cinque
due
diciannove
uno

5
6
4
3
2
1

venti
ventuno
ventidue
ventitré
ventiquattro
venticinque
ventisei
ventisette
ventinove
ventotto
trentuno
trenta

I numeri

Il compleanno di Francesca è il due agosto.
E il tuo? Segnalo con un cerchietto nel calendario.

GENNAIO						
						1
2	3	4	5	6	7	8
9	10	11	12	13	14	15
16	17	18	19	20	21	22
23	24	25	26	27	28	29
30	31					

FEBBRAIO						
		1	2	3	4	5
6	7	8	9	10	11	12
13	14	15	16	17	18	19
20	21	22	23	24	25	26
27	28					

MARZO						
		1	2	3	4	5
6	7	8	9	10	11	12
13	14	15	16	17	18	19
20	21	22	23	24	25	26
27	28	29	30	31		

APRILE						
					1	2
3	4	5	6	7	8	9
10	11	12	13	14	15	16
17	18	19	20	21	22	23
24	25	26	27	28	29	30

MAGGIO						
1	2	3	4	5	6	7
8	9	10	11	12	13	14
15	16	17	18	19	20	21
22	23	24	25	26	27	28
29	30	31				

GIUGNO						
			1	2	3	4
5	6	7	8	9	10	11
12	13	14	15	16	17	18
19	20	21	22	23	24	25
26	27	28	29	30		

LUGLIO						
					1	2
3	4	5	6	7	8	9
10	11	12	13	14	15	16
17	18	19	20	21	22	23
24	25	26	27	28	29	30
31						

AGOSTO						
	1	2	3	4	5	6
7	8	9	10	11	12	13
14	15	16	17	18	19	20
21	22	23	24	25	26	27
28	29	30	31			

SETTEMBRE						
				1	2	3
4	5	6	7	8	9	10
11	12	13	14	15	16	17
18	19	20	21	22	23	24
25	26	27	28	29	30	

OTTOBRE						
						1
2	3	4	5	6	7	8
9	10	11	12	13	14	15
16	17	18	19	20	21	22
23	24	25	26	27	28	29
30	31					

NOVEMBRE						
		1	2	3	4	5
6	7	8	9	10	11	12
13	14	15	16	17	18	19
20	21	22	23	24	25	26
27	28	29	30			

DICEMBRE						
				1	2	3
4	5	6	7	8	9	10
11	12	13	14	15	16	17
18	19	20	21	22	23	24
25	26	27	28	29	30	31

In quale mese siamo?

In quale mese è il tuo compleanno?

Quando è il tuo compleanno?

Completa le frasi.

Il mio compleanno è il ______________________ ______________________

Chiedi a un bambino quando è il suo compleanno e scrivilo.

____

I numeri

Quanti anni hai?
Disegna una torta con tante candeline quanti sono i tuoi anni.

Io ho otto anni.
E tu?

Disegna i regali che vorresti per il tuo compleanno.
Chiedi il nome delle parole che non conosci.
E il tuo amico che cosa vorrebbe? E la tua amica?

Come si dice … in italiano?

La festa comincia. La famiglia degli elefanti entra in pista.
“Benvenuti, signore e signori, bambine e bambini,
è qui con voi la famiglia degli elefanti africani”.

La famiglia

Colora la famiglia dei leoni della pagina seguente (papà leone, mamma leonessa, sorella leonessa e fratello leone) e la famiglia degli elefanti, (nonno elefante e nonna elefantessa, fratello elefante e sorella elefantessa).

Ritaglia le figure.

Incolla qui le due famiglie. Chi è chi?

La famiglia

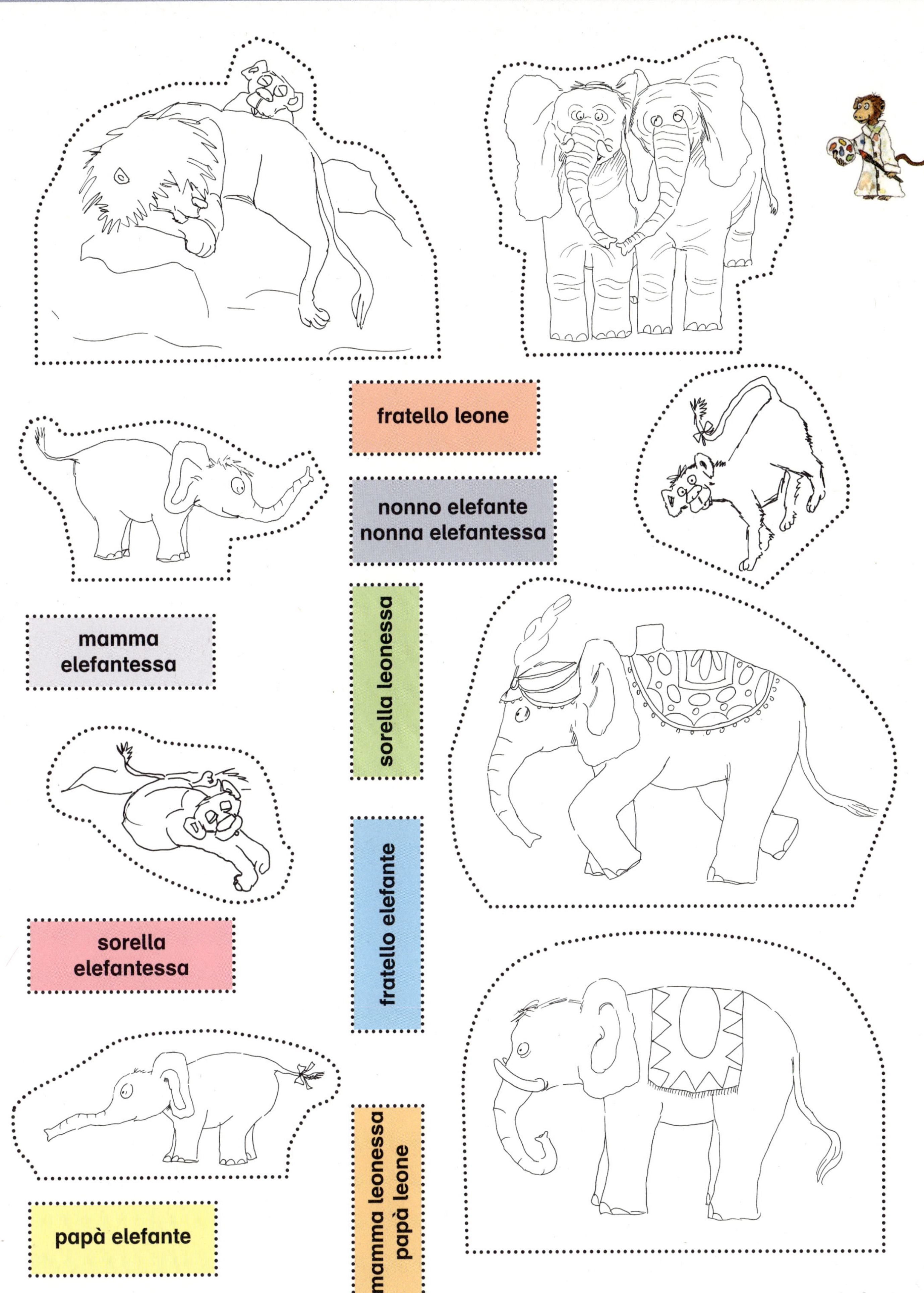
fratello leone
nonno elefante
nonna elefantessa
sorella leonessa
mamma
elefantessa
fratello elefante
sorella
elefantessa
mamma leonessa
papà leone
papà elefante

La famiglia

La famiglia

Colora l'elefante. Cerca nel minestrone di lettere le seguenti parole: fratello, sorella, papà, mamma, nonno e nonna.

Colora le parole uguali con lo stesso colore.

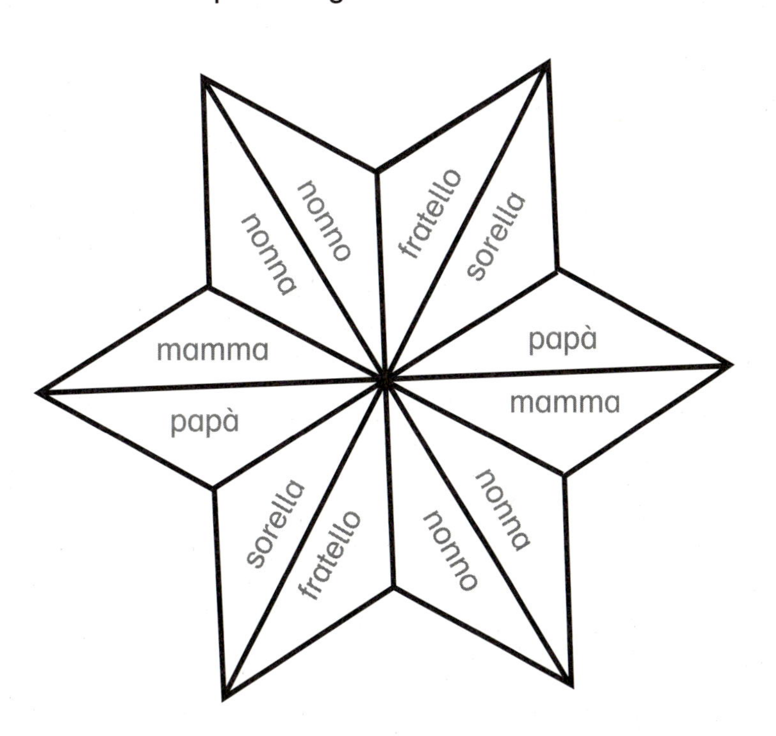

La famiglia

Disegna la tua famiglia e spiega al tuo amico o alla tua amica chi è chi.

Chi è la tua famiglia?

La mia mamma si chiama ______________________________

____

____

____

Ora presenta la tua famiglia alla classe.

Ora tocca ai pagliacci Colorini. Hanno tanti palloncini di vari colori: rosso, verde, giallo, azzurro e li distribuiscono ai bambini. Ne vuoi uno?

I colori

Di che colore?
Dipingi i colori dell'arcobaleno.

Il mio colore preferito
è il rosso.
Qual è il tuo colore preferito?

Disegna e colora un paesaggio con il cielo, il sole, un fiore, un'automobile, una casa e l'erba …
Di che colore è la tua casa? E l'auto del tuo amico? Chiediglielo.

I colori

Colora ogni disegno con il colore indicato.

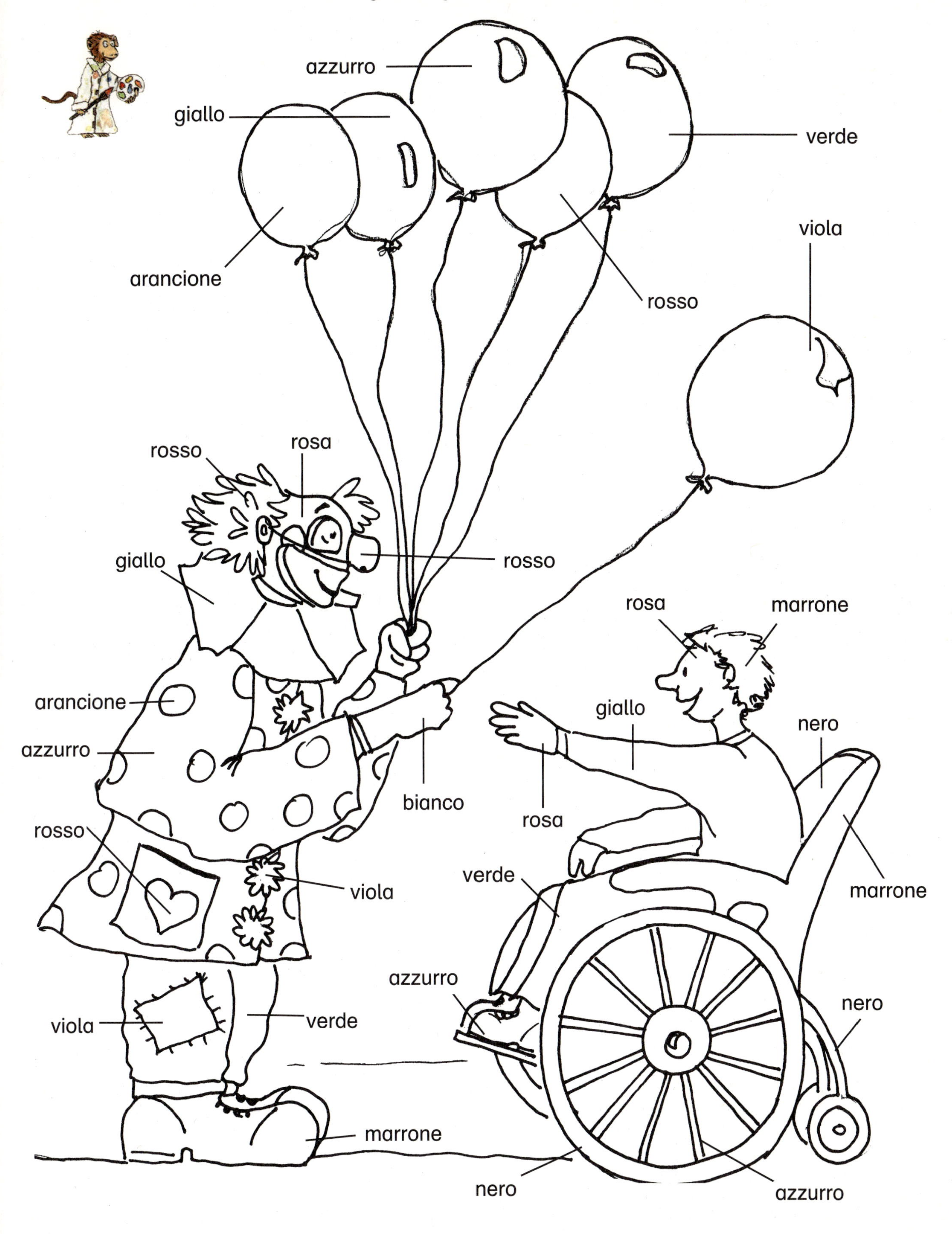

I colori

Colora i palloncini dei pagliacci Colorini e chiedi al tuo amico o alla tua amica:
Di che colore è il numero uno?

I colori

Impara la poesia a memoria.
Disegna i fiori e colorali con i colori indicati.

Il bianco e l'arancione
il giallo con il verde
il rosso ed il viola
e l'azzurro celestino.
Che bei colori
che hanno i fiori.

Di che colore è
la rosa? È ...

Colora i disegni.

rosa	pappagallo	limone

gatto	albero	neve

I colori

Cerca nel minestrone di lettere i colori dell'arcobaleno.

G	I	A	L	L	O	M	O	A	Z	P	L	R
F	E	N	E	R	P	K	J	R	O	S	S	O
D	L	E	H	A	Z	Z	U	R	R	O	J	S
N	A	R	O	A	R	A	N	C	I	O	N	E
K	V	O	D	A	P	E	H	D	W	J	P	K
H	E	L	A	V	E	R	D	E	P	T	F	H
D	R	V	I	O	L	A	L	U	Z	D	K	O

Completa il cruciverba e rispondi alle domande.

1. Di che colore è la neve?
2. Di che colore è il pomodoro?
3. Di che colore è il sole?
4. Di che colore è il gatto?
5. Di che colore è l'erba?

Nel circo si può anche mangiare e bere durante la pausa.
“Popcorn, patatine, noccioline, limonata, succo d’arancia, gelati”.

Gli alimenti

Ti piace? Ti piacciono?
Colora i tuoi piatti e le tue bevande preferite.

la limonata

gli spaghetti

il latte

il popcorn

il succo d'arancia

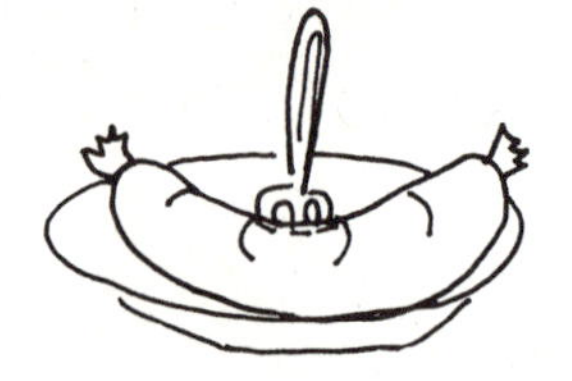
la salsiccia

le mele

il miele

le patatine

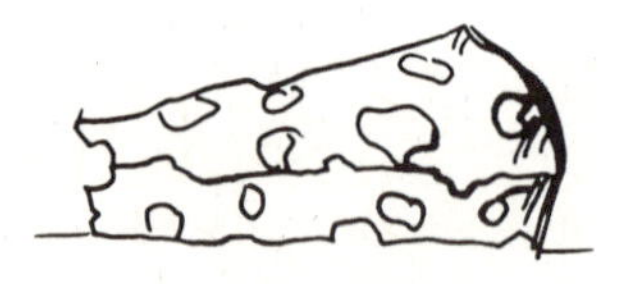
il formaggio

il tè

le noccioline

le banane

la cioccolata

le uova

i limoni

l'acqua

le pere

Controlla con un tuo compagno o una tua compagna.

A me piace …
A me piacciono …

Gli alimenti

Disegna un gelato al cioccolato, fragola e vaniglia.

E a te? Che gelato piace?

Mi piace il gelato al ____________________

Pensa a tre cose che ti piacciono e disegnale. Come si chiamano in italiano?

SÌ

Scegli una cosa che ti piace e dilla a voce alta. I compagni che sono d'accordo con te si alzano in piedi e dicono:

Anche a me.

Pensa a tre cose che non ti piacciono e disegnale. Come si chiamano in italiano?

NO

Scegli una cosa che non ti piace e dilla a voce alta. I compagni che sono d'accordo con te si alzano in piedi e dicono:

Neanche a me.

Gli alimenti

Colora gli spazi delle bevande e vedrai una cosa. Che cosa?

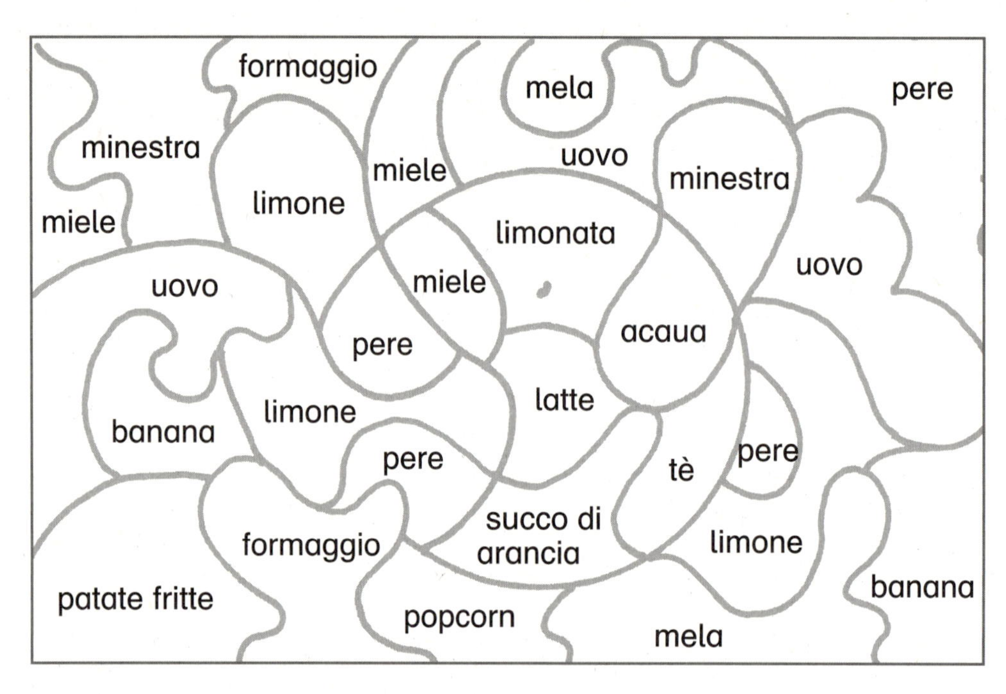

Completa il cruciverba.

Chiedi a un tuo amico o a una tua amica:

Ti piace ...?
Ti piacciono ...?

Gli alimenti

Colora i giorni della settimana. Che giorno è oggi?
Disegna il tuo piatto preferito per oggi e per domenica e scrivi il loro nome.

lunedì

martedì

mercoledì

giovedì

venerdì

sabato

domenica

Come si dice … in italiano?

Gli alimenti

I giorni della settimana

Tocca a Filippo con il suo monociclo. Filippo si veste per cominciare il suo numero. “Dove sono i miei pantaloni?”

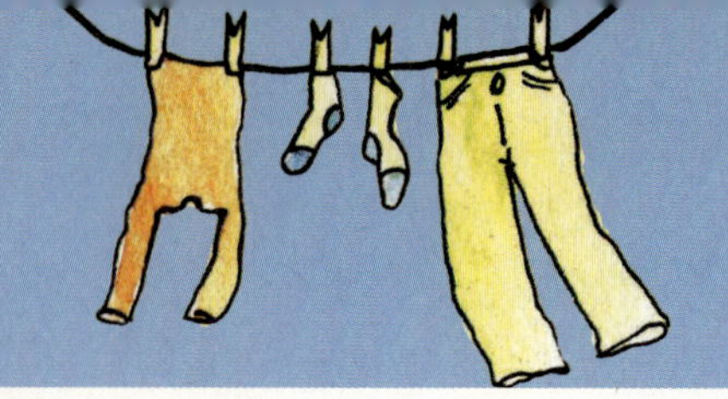

I vestiti

Colora.

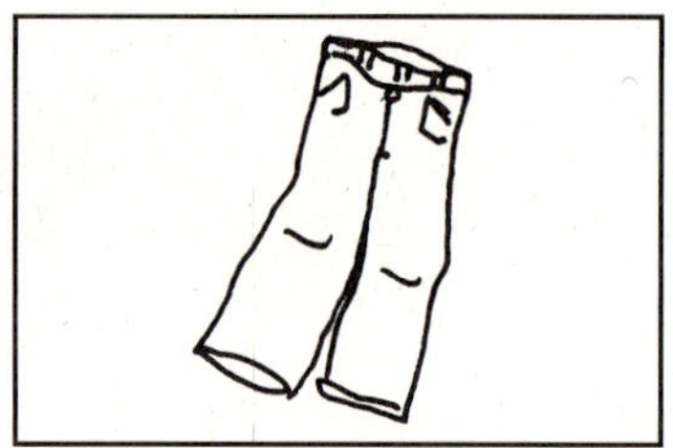

pantaloni

pullover

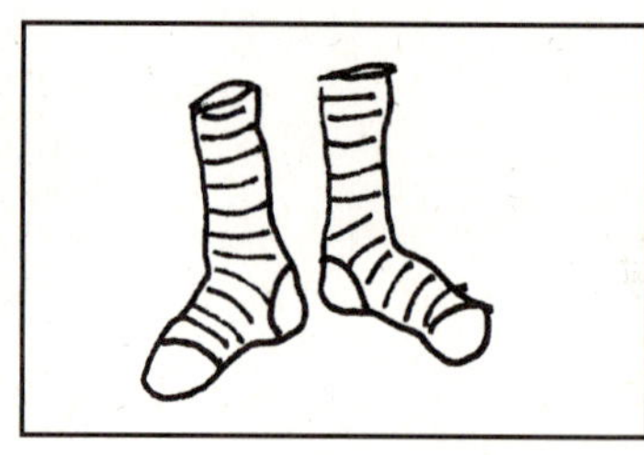

calzini

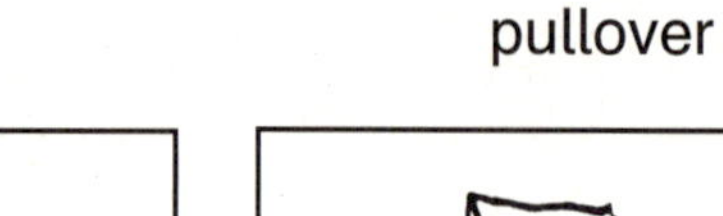

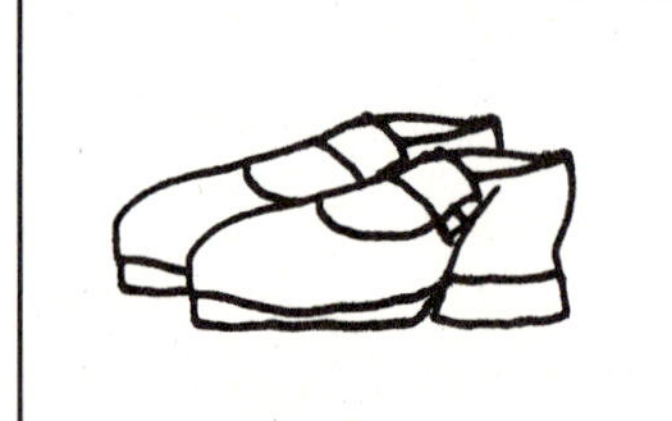

scarpe

maglietta

gonna

Trova le parole suddette nel minestrone di lettere e colora.

Che cosa c'è nell'armadio?
C'è / Ci sono …

I vestiti

Giochiamo a bingo. Scegli quattro caselle e fai il disegno suggerito.
Il maestro o la maestra nomina gli indumenti e se coincidono con i tuoi contrassegnali.
Il primo che completa le quattro caselle dice: Bingo!

calzini rossi	pantaloni arancione	camicietta rossa	scarpe verdi
gonna verde	calzini azzurri	magliette rosse	pullover azzurro
gonne gialle	gonna azzurra	pantaloni verdi	maglietta arancione

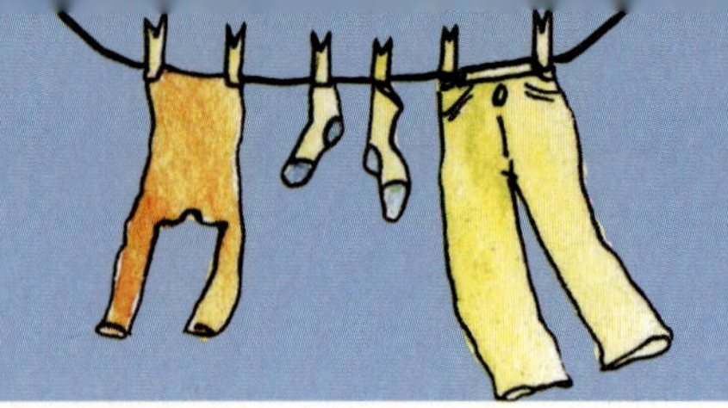

I vestiti

Disegna e colora i vestiti che hai indosso e scrivili sotto.

Ho indosso ____

Descrivi quello che uno dei tuoi compagni ha indosso.
Gli altri indovinano chi è.

I vestiti

Arrivano le vacanze! Che cosa puoi mettere in valigia?
Segnalo con un cerchietto.

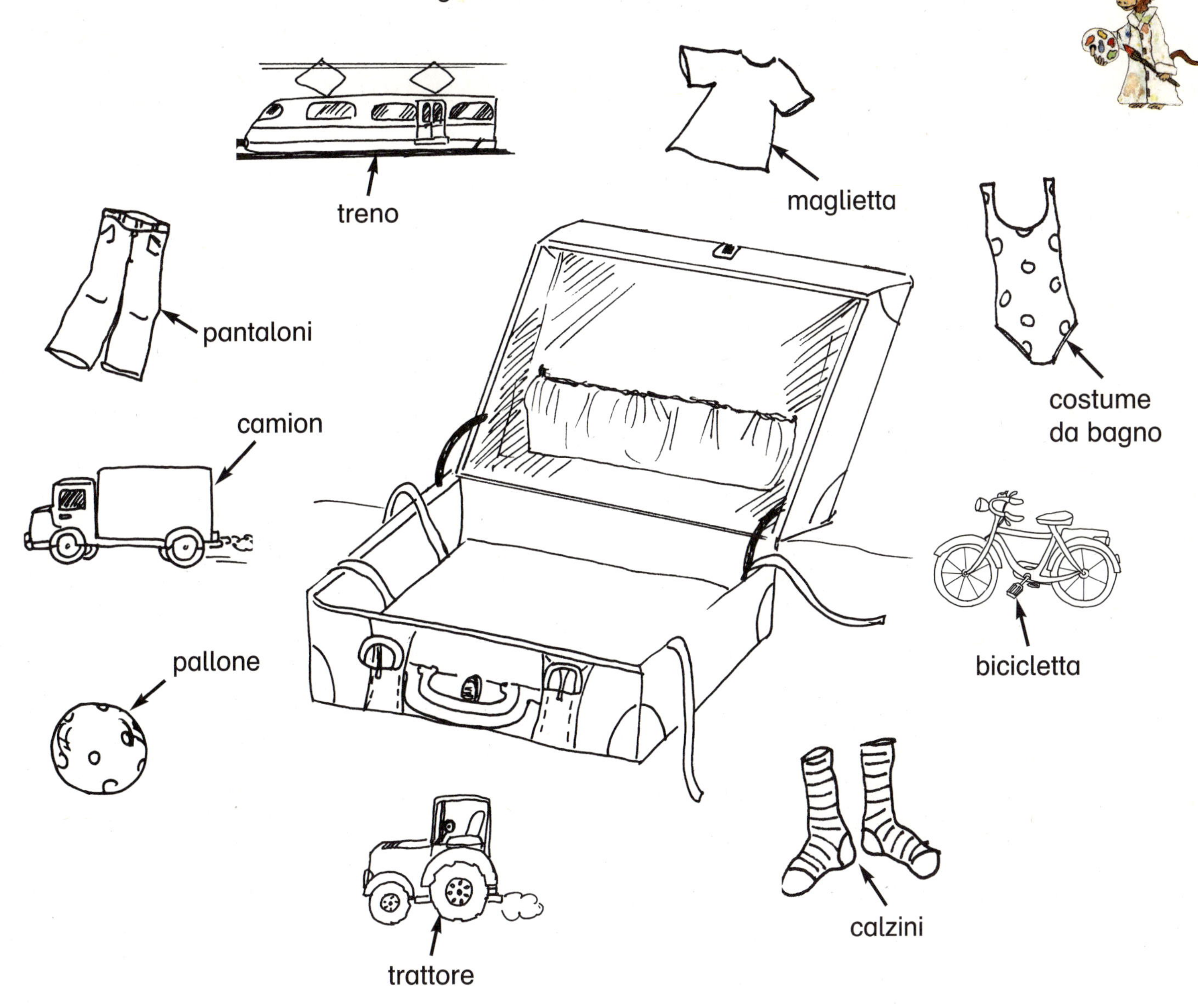

Per giocare tra di voi:

Nella mia valigia c'è una maglietta rossa.

Nella mia valigia ci sono una maglietta rossa e un costume da bagno rosso.

Nella mia valigia c'è …

I vestiti

VACANZE

Completa il cruciverba e saprai con che cosa partirà Filippo.

Comincia il numero di Francesca. “Ecco a voi la grande equilibrista Francesca”. Ohhh, cade da cavallo! Che paura! Per fortuna non è grave.

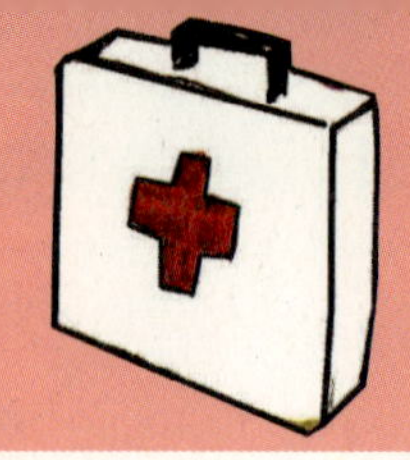

Il corpo

Colora le parole delle parti del corpo.

Il corpo

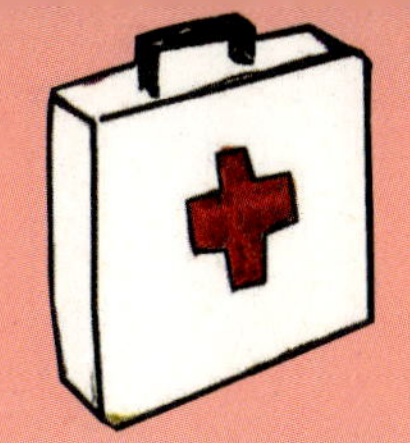

1,60	un metro e sessanta
1,50	un metro e cinquanta
1,40	un metro e quaranta
1,30	un metro e trenta
1,20	un metro e venti
1,10	un metro e dieci
1,00	un metro
90	novanta centimetri
80	ottanta centimetri
70	settanta centimetri

Il tuo maestro o la tua maestra ti può misurare e fare un segno sull'asticella. Completa la frase.

Il giorno ______________________ sono alto / alta un metro e _______________ .

E il tuo compagno o la tua compagna?

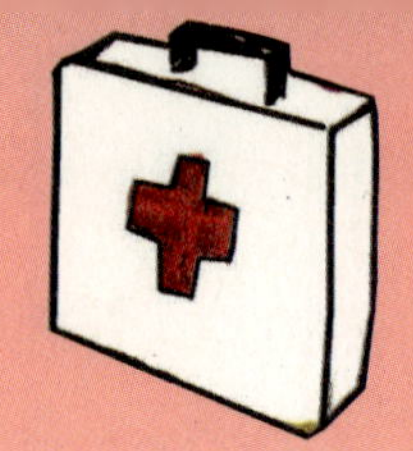

Il corpo

Disegna al pagliaccio un naso grande e rosso, una bocca rotonda e orecchie grandi.
Di che colore sono gli occhi e i capelli?

Disegna una persona che conosci.
Racconta al tuo compagno o alla tua compagna chi è,
come si chiama, quanto è alta, quanti anni ha.

Il corpo

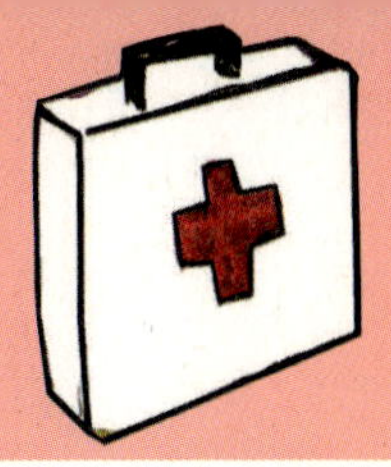

Giochiamo:
Uno di voi è Simone. Simone mima un'azione e tutti lo imitiamo, però attenzione!
Lo facciamo solo quando la frase incomincia con "Simone dice …" altrimenti veniamo eliminati.
L'ultima persona eliminata sarà il prossimo Simone.

Ecco un cruciverba con le parti del corpo.

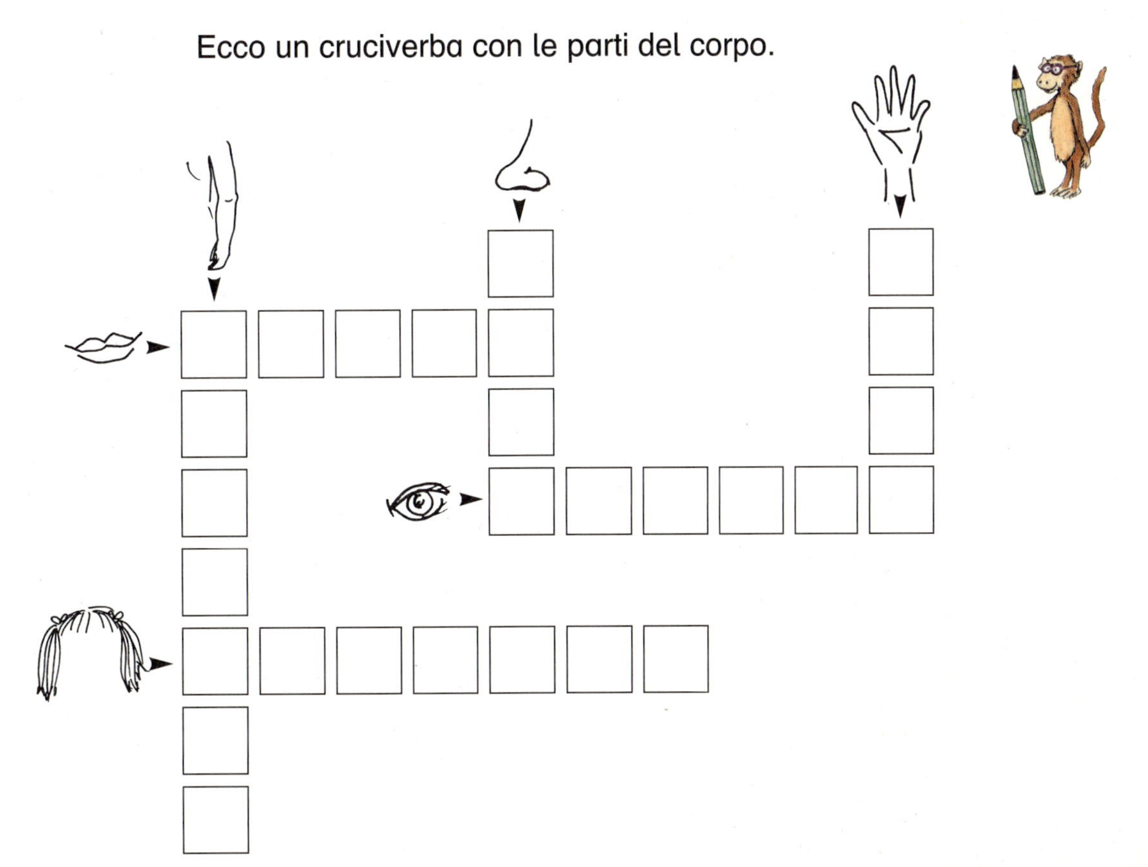

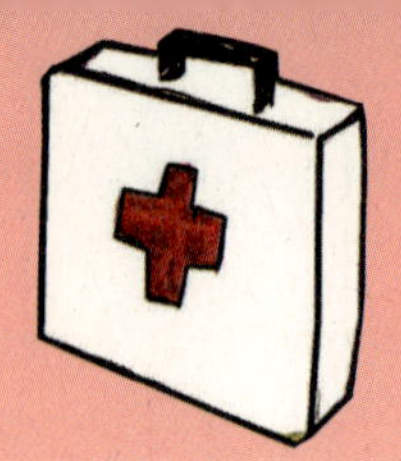

Il corpo

Sono uguali Adriano e Giuseppe?
Descrivi le parti del corpo che sono diverse tra i due.

Adriano ha la bocca grande e Giuseppe ha la bocca piccola.

Adriano

Giuseppe

Lo spettacolo finisce. Il pubblico applaude e gli artisti salutano. La gente va a casa. È una bellissima notte d'estate. Le stelle e la luna splendono in cielo. "Che bella notte, Filippo! Buonanotte".

La natura

Che cosa è tipico della primavera, dell'autunno, dell'inverno e dell'estate?
Cerca i disegni corrispondenti e descrivili alla classe.

il mare

il berretto

il coniglio

l'arcobaleno

la mela

le castagne

le fragole

il castello di sabbia

Che cose è tipico della primavera?

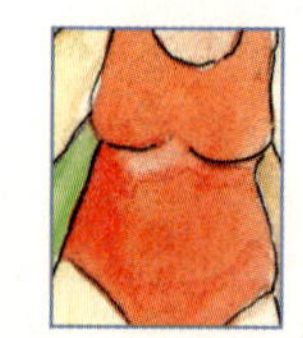
il costume da bagno

l'aquilone

I fiori.

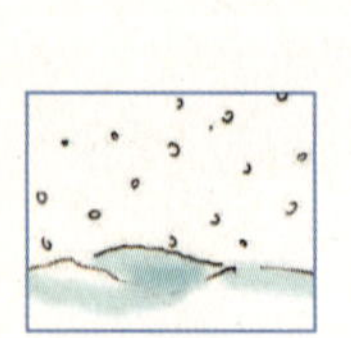
la neve

la sciarpa

la minestra

l'ombrello

la farfalla

la spiaggia

il nido

l'uva

il camino

le foglie

il sole

i fiori

gli uccellini

gli stivali

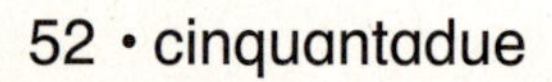

La natura

Associa le parole alle stagioni dell'anno.

PRIMAVERA

ESTATE

fiore

sole

mare

uva

foglie

farfalla

pioggia

spiaggia

neve

vento

uccelli

arcobaleno

AUTUNNO

INVERNO

La natura

Fa' un disegno della stagione che preferisci.

Che stagione è?
Chiedi al tuo compagno o alla tua compagna come è il suo disegno.
Lui o lei può rispondere di sì o di no.

La natura

Completa il calendario con i compleanni dei tuoi amici e delle tue amiche.

Compi gli anni in autunno?

No, il mio compleanno è in estate.

marzo

aprile

maggio

giugno

luglio

agosto

settembre

ottobre

novembre

dicembre

gennaio

febbraio

Ripassiamo

PRIMAVERA
Scrivi le parole in basso al posto giusto.

arcobaleno • cielo • farfalla • nido • coniglio • gatto • bambino • erba • fiore • gonna • maglietta

Ripassiamo

ESTATE

Scrivi le parole in basso al posto giusto.

palla • mare • cane • sole • uccello • gelato • barca • bicicletta • costume da bagno • cappello • piede

Ripassiamo

AUTUNNO

Scrivi le parole in basso al posto giusto.

aquilone • ombrello • pantaloni • stivali • scimmia • mela • foglie • casa

Ripassiamo

INVERNO
Scrivi le parole in basso al posto giusto.

albero • sciarpa • berretto • camino • pullover •
cavallo • neve • macchina • minestra • naso • bocca

Ripassiamo

Associa ogni parola al suo disegno.

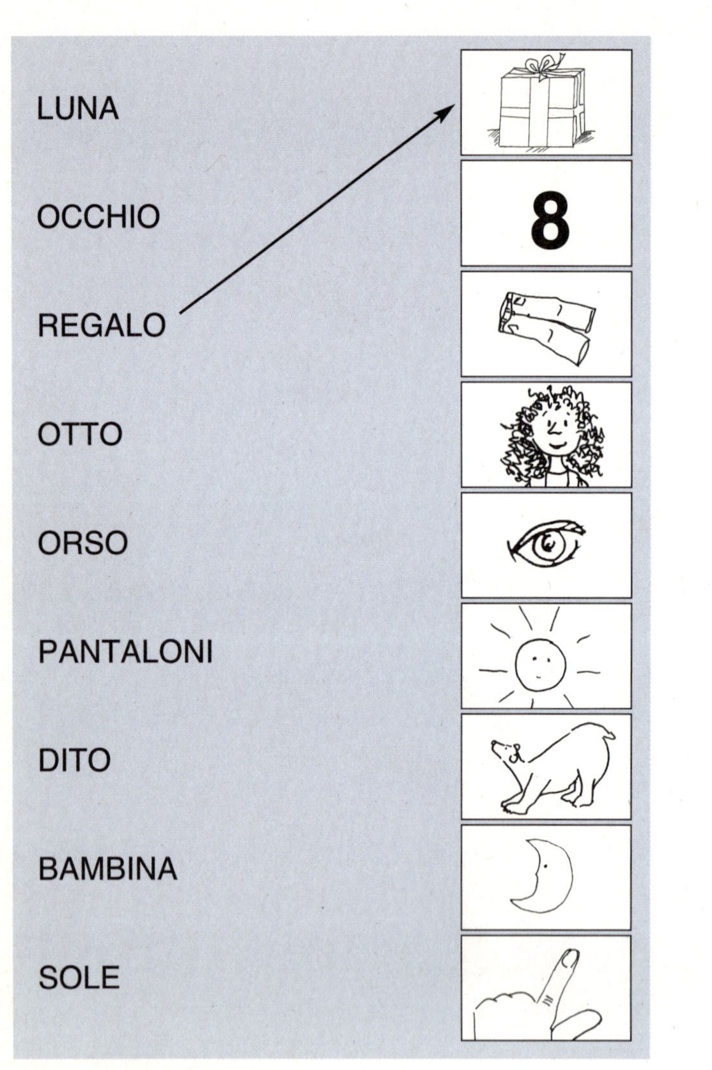

Risolvi il cruciverba.

Ripassiamo

Rispondi alle seguenti domande.

Di che colore è l' arancia?

Di che colore è la banana?

Di che colore è il pomodoro?

Di che colore è il mare?

Di che colore sono le foglie?

Di che colore è la neve?

Di che colore è la notte?

Di che colore sono le castagne?

Quale animale preferisci? Scrivi il suo nome.

A

B

C

Colora.

IL PESCE

azzurro
rosso
rosso
azzurro
giallo

IL FIORE

viola
giallo
verde

Ripassiamo

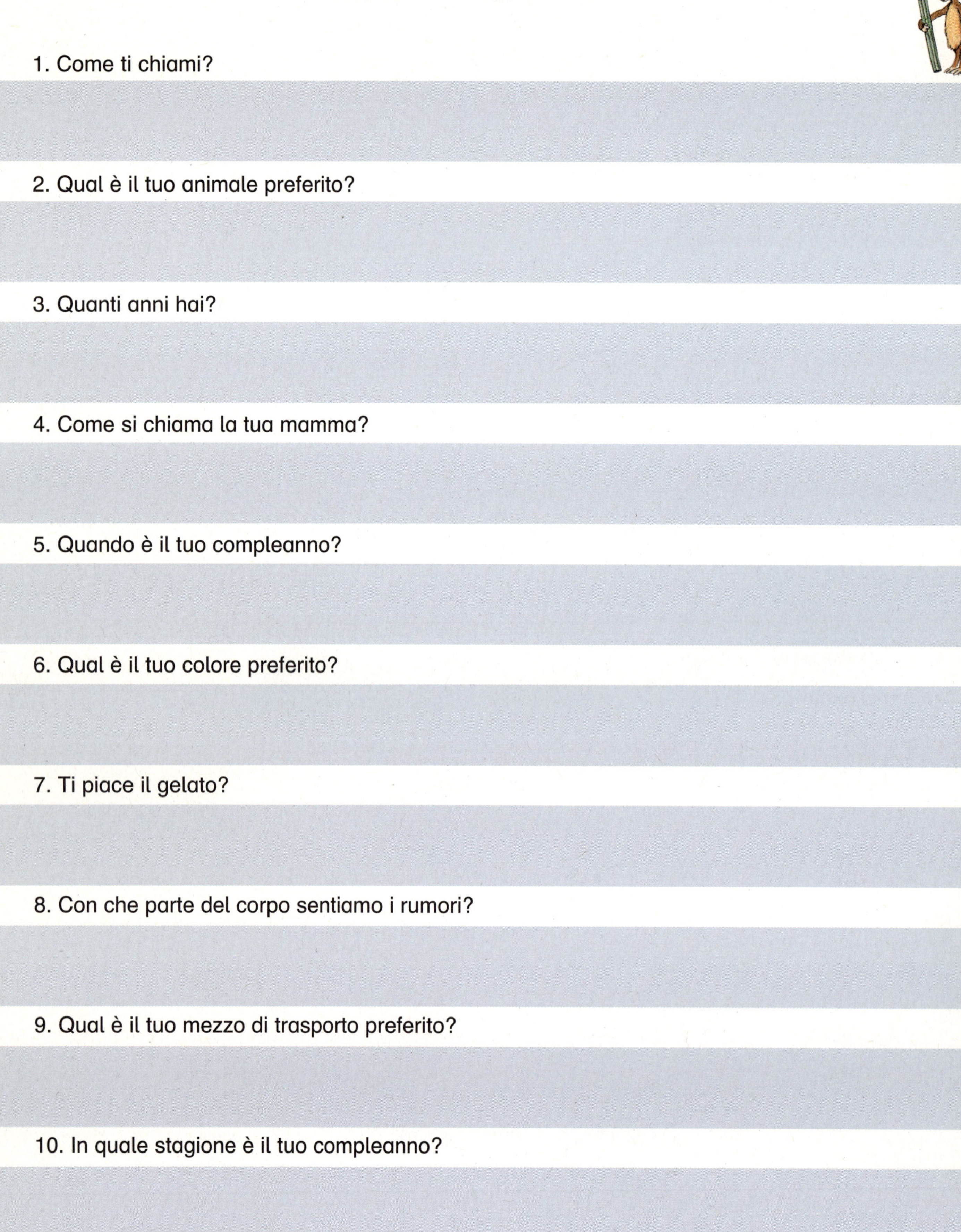

Rispondi alle seguenti domande.

1. Come ti chiami?

2. Qual è il tuo animale preferito?

3. Quanti anni hai?

4. Come si chiama la tua mamma?

5. Quando è il tuo compleanno?

6. Qual è il tuo colore preferito?

7. Ti piace il gelato?

8. Con che parte del corpo sentiamo i rumori?

9. Qual è il tuo mezzo di trasporto preferito?

10. In quale stagione è il tuo compleanno?

Ripassiamo

Ecco ______________. Tutto è pronto.

“Venite, signore e signori, ________________ e bambine, benvenuti al circo”.

Francesca e Filippo hanno molti amici nel circo.

“Questa è la mia amica, la __________________ Peppina”.

Oggi è il ____________________ di Francesca. Il due agosto.

Prima di cominciare la festa tutti cantano la canzone ___________________.

“Buon Compleanno!”.

La festa comincia. La ________________ degli elefanti esce in pista.

“Benvenuti signore e signori, bambini e bambine, con voi la famiglia degli

_______________________ africani”.

Ora tocca ai pagliacci Colorini.

Hanno tanti _______________ di vari _______________:

rosso, verde, giallo, azzurro e li distribuiscono ai bambini. “Ne vuoi uno?”

Ripassiamo

Anche nel circo si può ____________ e mangiare durante la pausa.

"Popcorn, ________________, noccioline, limonata, succo di arancia,

____________________".

Tocca a Filippo con il suo ________________. Filippo si veste per

cominciare il suo numero "Dove sono i miei ________________?"

Comincia il numero di ________________.

"Ecco a voi la grande equilibrista Francesca". Ohhh, cade da ____________!

Che paura! Per fortuna non è grave.

Lo spettacolo finisce. Il pubblico applaude e gli artisti salutano. La gente

va a ____________________. È una bellissima notte d' ________________.

Le____________________ e la luna splendono in cielo.

"Che bella notte, Filippo. ________________ notte".